AF547392

Andreas Frank

Hier unten gibt es nichts

Andreas Frank, 1962 geboren im Rheinland, aufgewachsen im Ruhrgebiet. Studium der Literaturwissenschaften und Geschichte. Lebt und arbeitet bei Köln. Schreibt seit frühester Jugend. Hat 25 Jahre ausgesetzt, dann wieder angefangen. Dies ist sein erstes Buch.

1. Auflage 2018
Originalausgabe

Cover und Satz: Songdog
Coverfoto: Ulf Philipowski

ISBN 97839504675-0-5

Does anyone know where the love of God goes,
when the waves turn the minutes to hours

Gordon Lightfoot, *The Wreck of the Edmund Fitzgerald*

Inhalt

Aberdeen

Meine Schwester
hat einen Lover
in Aberdeen

Woher ich das weiß
weiß ich nicht

Ein verheirateter Mann
mit Familie
und Geschichte

Einmal im Jahr
reist er mit seinen Kumpeln
nach Ibiza

Dort trifft er
meine Schwester
Jahr für Jahr

Nie hat jemand
ein Wort verloren
Niemand weiß davon

Meine Schwester
hat einen Lover
in Aberdeen

Woher ich das weiß
weiß ich nicht

Der Mann hat Charme
und lacht sehr gern
Meiner Schwester
tut er gut

Sie schreiben Mails
auf geheimen Konten
Sie telefonieren
mit geheimen Handys

Einmal im Jahr
auf Ibiza
teilen sie ihr Geheimnis

Woher ich das weiß
Weiß ich nicht

Meine Schwester redet nie
darüber
Ich sehe sie kaum
öfter

als sie den Mann
aus Aberdeen

Adieu Herman

In memoriam Herman Brood, 05.11.1946 – 11.07. 2001

Ich bin es
Der kleine Mann
Aus diesem Song:
Ach komm, kleiner Mann

Was guckst du mich an?
Ich hab das alles überstanden
Die Reisen, die Fluchten
Die ganzen Rock'n'Roll Songs

Vom Überleben
Vom Küssen und vom Drücken
Vom Nicht-Erwarten-Können
Der Samstagnacht

Von der Aussicht
Des Amsterdam Hilton
Auf die andere schmerzende Stadt
Du weißt schon, Herman

Adieu

Al Tonno

„Deine Spaghetti-Soße ist lecker!
Was ist da drin?“
Es ist eine Thunfisch-Tomatensoße.
Viel Zwiebeln, Thunfisch,
Weißwein, Tomaten, Thymian,
Salz, Pfeffer und eine Prise Zucker.
Der Thunfisch ist von Aldi.
Kleine Dosen. In eigenem Saft.
Es sind Haie drin. Und Delphine.
Sie schwammen vor Fukushima.
Sie sind gewürzt mit Radioaktivität.
Wir werden alle daran sterben.
An Krebs. Irgendein Verrückter
wird uns in die Luft jagen.
In einem Flugzeug, einem Bus,
einem Konzertsaal, während die Sparks
Never Turn Your Back On Mother Earth
singen.
Wir werden alle Alzheimer haben
und vergessen, dass wir längst
tot sind. Das ist das
wahre Leben –
Spaghetti Al Tonno

Als ich verrückt war

In memoriam Wolfgang Welt, 31.12.1952 – 19.06.2016

Als ich verrückt war
Und meine Haut
Voller Löcher war
Und alle Welt in mich
Eingedrungen ist
Da stand ich
Im Mittelpunkt
Allen Seins
Voller Verantwortung
Für jedes einzelne
Arschloch
In meinem Dunstkreis
Der Chef des ganzen Elends
The Master of Disaster
Captain Fantastic
Alle Fäden der Geschichte
Liefen bei mir zusammen
Es war zum Verrücktwerden
Und so war es dann auch…

Als ich verrückt war

Am Fluss

Stadt Land Fluss
Kann weder mit
Noch ohne

Kein Städter mehr
Und noch kein
Dörfler

Das Einzige
Was immer
Bleibt

Ist das
Leben
Am Fluss

Amok

Einer reißt immer
Das Maul auf
Der andere bleibt still
Und tut es

Gebe ein gnadenloser
Gott
Dass es auch diesmal
So bleibt

Asiatisches Business

Ich kann nicht
mit Stäbchen essen
und ich kann keine
Krawatte binden.

Ich befürchte, es gibt
einen Zusammenhang.

Atem

Sie wusste
Ihr Atem
Reicht nur noch
Für eine Silbe

Daher rief sie
Schatz
Anstelle seines
Richtigen Namens

Beim Ausatmen
Hörte sie
Seine Schritte
Auf der Treppe

Als er sie fand
War sie bereits gegangen
Hatte nur
Ihren Körper zurückgelassen

Baby Driver

Mit dem Dreirad
Auf die Schnauze

Mit dem Allrad
Vor die Wand

Ein ganzes Leben
Auf dem Gas

Irgendwann
Landen wir alle im SUV

Birdman

In memoriam Klaus Vowe, 08.04.1944 – 20.06.2005

Ich habe einen so
simplen Film wie Birdman
nicht verstanden.

Es scheint beinahe,
als hätte ich nie
bei Dr. Klaus Vowe
studiert.

Wo bist Du,
alter Lehrer,
um mir die Zusammenhänge
zu erklären?

Es ist, als hätte ich
das Einmaleins verlernt.

Brexit

Da gehen sie hin
Unsere ehemaligen europäischen
Partner und Verbündete
Diese dämlichen Inselaffen
Reisende soll man nicht
Aufhalten
Geht mit Gott
Aber flott!

Der Anfang vom Ende
Einer aus der Not
Geborenen Idee
Eingeläutet vom neuen Typus
Des Ich-Menschen
Ich! Ich! Ich! Ich!
Du?
Du bist mir egal!

Brozil

Einmal vom Schreibtisch
wegträumen.
Mitten im Tagesgeschäft geht es
auf Geschäftsreise
nach Rio oder Sao Paulo.
Es gibt Probleme dort,
und sie brauchen einen,
der Englisch und Portugiesisch spricht,
fließend.

Also lande ich in Sao Paulo.
Es ist acht Uhr in der
Früh, und seltsam kalt.
Hemdkragen und Krawatte
wollen mich nicht wärmen,
während ich meinen albernen
Aktenkoffer auf Rollen durch das Terminal zerre.

Jemand hält ein Schild
mit meinem Namen, und ich
steige in ein silberfarbenes deutsches Auto.
Auf der Fahrt bekomme ich
Heimweh –

nach meinem Job,
meinen blödsinnigen Aufgaben,
meinen Tagen in dem kleinen
überhitzten Büro,
meinen nervenden Kollegen,
meinen unaufrichtigen Vorgesetzten,
dem bitteren Kaffee aus dem komplizierten
Automaten
und den heimlichen Zigaretten
hinter der Halle des Fuhrparks.

„Are you ready for this?"
fragt jemand mit einem scharfen

Akzent,
und ich antworte „Sure… sure!“
in meinem ersten Meeting
in der Company
in Sao Paulo –

und am Abend telefoniere ich
mit meinem Bruder und
erzähle ihm alles:
„My first job in Brazil, brother!
Brozil!“
Und ich lache alleine,
weil ich zu früh betrunken bin,
und niemand lacht mit mir,
weil es zu Hause
noch mitten am Tag ist –
einem Arbeitstag.

Brüder

Wie schön sich
Mein altes Ich
An mein junges Ich
Erinnern kann

Wie wenig
Mein junges Ich
Mein altes Ich
Erahnen konnte

Hier auf den Straßen
New Yorks
Chelsea
7th Avenue

Wo ich schon einmal
Gewesen bin
Mit jungem Herzen
Und leichtem Körper

Dort geht
Mein altes Ich
Und sucht
Mein junges Ich

Im Spiegel der Scheiben
Hinter dem
Flirrend heißen
Asphalt

Beinahe treffen sich
Unsere Blicke
Und wir lächeln
Als wäre es so

Zwei Brüder
In nostalgischem Clinch
Endlich einander
Versöhnt

New York, 13. Juli 2016

China

Die ersten Monate in China
waren wie in einer Kolonie.
In der Firma war ich ausschließlich
von weißen Männern umgeben,
die meisten davon Engländer, ein paar
Amerikaner, und wir Deutsche.
Chinesen gab es nur
Bei uns im Wohnheim, einem
Männerwohnheim für die Feierabende und
Wochenenden.
Sie arbeiteten als Hausmeister, Reinigungskräfte
und Gärtner.

Das hatte ich mir anders vorgestellt:
Globales Networking.
Internationale Projektarbeit.
Interkultureller Austausch.
Was Chefs so erfinden, wenn
sie einen in einen Job
locken wollen.

Ich schaufelte Dateien
in eine Datenbank,
in einer Tischreihe, an der
zehn Kollegen saßen,
in einem Büro,
in dem 140 Kollegen saßen.
Alles Weiße. Langnasen.
Engländer, Amerikaner und
wir Deutsche.

Chinesen brachten uns Pizza
und Coca-Cola zum Lunch.
Alles, was wir
von China mitbekamen, war der
Geruch der strengen
filterlosen Zigaretten,

die sie bei voller Fahrt
auf ihren Mopeds rauchten.

Daktari

Der gute Doktor
Ein schielender Löwe
Ein lustiger Affe
Und der dicke Hoss
Ich Tarzan
Du Jane

Worüber haben
Nostalgiker
Früher geschrieben?
Tannen?
Ficken?
Eichen?

Das letzte Mal

Alle waren
Gut angezogen
Aber das war sicher
Das letzte Mal

Alle lagen später
In der Sonne
Auch das sicher
Zum letzten Mal

Alle hatten
Genügend Geld
Und das war ganz sicher
Das letzte Mal

Alle kannten
Ihren Weg
Auch das schließlich
Zum letzten Mal

Das Sirren der Gleise

Das Sirren der Gleise
Erst leise
Kaum hörbar
Dann anschwellend
Noch keine Richtung
Verratend
Schon als Kind
Hab ich es geliebt

Das Sirren der Gleise
Als Ahnung von etwas
Unmittelbar bevorstehendem
Schnell
Schwer
Und unsagbar laut
Einen Wirbelwind der Sensation
Verursachend

Das Sirren der Gleise
Als hörbares Zeichen
Der Hoffnung
Von hier
Fortzukommen
Zu wachsen
Zu fliehen
Und zu werden

Die elektrische Badewanne

Warum badest Du
Mit dem Fön?
Was ist die Idee
Dahinter?

Du musst
Es wissen
Dies ist
Deine Show

Das Wasser
Kocht heißer als heiß
Der Körper
Zuckt leicht

Ein Knall
Und alle Lichter
Im Haus
Gehen aus

Die Gespräche anderer Reisender

Nimm einen beliebigen Bahnhof
Ein Paar
Das sich in
Den Armen liegt

Die schönen
Altbekannten Formeln
Die sie einander zuflüstern
Die Tränen

Das Geräusch
Der einfahrenden Züge
Die Lautsprecherdurchsagen
Die Gespräche anderer Reisender

Nimm einen beliebigen Bahnhof
Ein beliebiges Paar
Du wirst allen Schmerz
Und die Liebe verstehen

Die Straße

Sie trägt
Die Straße in sich
Den Ärger, den Dreck
Die Ämter

Alles war
Schon immer da
Sie ist kein gutes
Mädchen

All
Eure Liebe
Eure Arbeit
War umsonst

Eine Kneipe

Es gab eine Kneipe
Die war ein Zuhause
Es ist ein anderes Leben her
Vieles weiß ich nicht mehr

Es gab eine Kneipe
Wechselnde Freunde und Frauen
Biere und Schnäpse
Gesichter zum Verhauen

Es gab eine Kneipe
Schwarze Striche auf nassen Deckeln
Verschüttete Lebenszeit
Die Abende laut, die Nächte breit

Es gab eine Kneipe
Ein entferntes und anderes Leben her
Heute gibt es sie zum Glück
Nicht mehr

Eine richtige Stadt

Hemingway suchte
A clean well-lighted place
Wir suchten eine Bar
Um einen Absacker zu nehmen

Und landeten
Im Café Godot
Ecke Oderberger Straße
Kastanienallee

Ein Rotwein, ein Pils
Ein Jägermeister auf Eis
Und der Blick
Durch das mächtige Panoramafenster

Auf eine richtige Stadt

Berlin, 28. März 2016

Eine Straße

Die Straße sieht aus
Wie ein Fluss
So viel Wasser
Steht auf dem schwarzen
Teer

Die Bäume
In einer Reihe
Ihre Äste kahl
Alle Autos darunter sind schwarz
Aufgereiht wie Boote

In einem Hafen
Von dem
Kein Matrose
Und keine Hoffnung
Jemals ausfährt

Frauen sind Mütter
(Und nur manchmal Liebhaberinnen)

Diese Erfahrung
Musste ich machen
In jüngeren Jahren
In der Blüte
Meiner Triebe

Nimm mich
Und mach mir ein Kind
Das war gut
Dort ist Dein Kaffee
Und da ist die Tür

Freunde in Frankfurt

Es tut so gut
Freunde in Frankfurt zu haben
An einem frühen
Feierabend

In das vertraute
Westend zu fahren
Von irgendeinem
Tristen Seminarort

Nach sinnleeren Meetings
Und freudlosen Trainings
Auf dem Rasen
Zu hocken

Und rauchend
Auf die Hochhäuser
Des Bankenviertels
Zu schauen

Daheim
Bei Freunden
In heimatlosen
Zeiten

Gerettet

In memoriam Zoran Babic † 1. Januar 2007

Du hast Deine
Hausaufgaben gemacht

Es hat Dich nicht
Gerettet

So viele Geschichten
So viele schöne Titel

Es konnte Dich
Nicht retten

Du hast geschrieben
Um der Tradition zu folgen

Alle großen Namen
Hattest Du in Deinem Vokabular

Es hat Dich nicht
Gerettet

Es hat niemanden von uns
Gerettet

Gold

Wenn Du Angst um Dein Geld hast
Kauf Dir einen Goldbarren

Wenn Du Trost suchst
Streichle den Goldbarren

Wenn Deine Angst wächst
Kaufe noch einen Goldbarren

Wenn Du ständig Trost suchst
Kaufe einen Goldhamster

Grenoble

Er war einmal Fluglotse
Auf dem Flughafen
Von Grenoble

Davon erzählt er
Immer wieder
So wie die Alten

Vom Krieg erzählen
Und die Jungen
Von ihren Reisen

Und ihren Eroberungen
Diese Geschichten
Vom Flughafen in Grenoble

Erzählt in Cafés
Und auf Partys
Füllen ihn aus

Wie alter Wein
In nie geöffneten
Flaschen

Hass

Hass wird regieren
Alle Medien sagen das
Sie haben tief geschlafen
Falsche Prophezeiungen gemacht

Nun malen sie
Den Teufel
An jede Wand
Hass wird regieren

Das Ende der Moderne
Das Ende der Demokratie
Das Ende der Welt
Wie wir sie kennen

Ein Supermond
Steht am Himmel
Der Erde
So nah

Wie seit vielen Jahrzehnten
Nicht mehr
Hass wird regieren
Wir werden sehen

Hier unten gibt es nichts

Hier unten gibt es nichts
Sieh Dich nicht um
Es ist
Nicht aufgeräumt

Der Kaffee
Im Filter
Reicht für eine zweite
Eine dritte Kanne

Die Kippen
Im Aschenbecher
Kann man aufreißen
Für einen Rest Tabak

Es gibt noch
Eine Kerze
Und ein paar Münzen
Auf dem Tisch

Es reicht noch
Für einen letzten
Funken
Hoffnung

Jetzt singst Du ein anderes Lied

Du bist älter
Du bist dicker
Langsamer
Dein Haar
Ist da
Aber dünn

Deine Bücher
Ungelesen
Deine Musik
Ungehört
Dein Alltag
Ungelebt

Jetzt singst Du
Ein anderes Lied
Die Akkorde
Einfach
Die Melodie
Ein Witz

Die Gespräche
Langweilig
Deine Witze
Fad
Die Empfindungen
Verbraucht

Es funktioniert nur noch
Mit Erinnerung
Und Alkohol
Den letzten
Verbündeten
Der alten Kriege

Jetzt singst Du
Ein anderes Lied

Du willst es
Noch nicht richtig
Glauben
Aber:

Jetzt singst Du
Ein anderes Lied

Kevin Spacey

Kevin Spacey
Begräbt einen Hund
Er hat das
In zwei Filmen getan

Ich mochte
Beide Filme
Ich mochte
Kevin Spacey

Doch dann
War es eine Masche
Die Sache
Mit dem Hund

Kevin Spacey
Begräbt einen Hund
Er hat das
Einmal zu oft getan

Krähenfüßchen

Nass geregnet
Im Pariser Frühling
Auf der Suche
Nach dem schönsten Ort
Der Stadt

Für diesen Tag
Für diesen einen
Schönen Augenblick
Mit Dir
Kann ich die Stadt

Erobern
Die Welt
Wenn Du es willst
Wenn Du lächelst
Mit Deinen

Krähenfüßchen

Kreuzungen

Ich habe immer
An Kreuzungen
Gelebt

Das ist
Seltsam
Aber wahr

Meine Wohnungen
Lagen immer
An Kreuzungen

Ich hatte immer
Alle Richtungen
Zur Auswahl

Und bin stets
Stur
In eine Richtung gerannt

Lauter

Jetzt treffen wir
Die Freunde
Auf Friedhöfen

Weinen
Ein wenig
Am offenen Grab

Umarmen uns
Mit ernstem
Gesicht

Lachen dann
Auf der Raue
Bei Kaffee und Kuchen

Es wird
Zu einem Ritual
Wie früher

In den Kneipen
Nur damals
War es lauter

Lodger (Deine Miete ist fällig)

Ein Elektrobus
Eine Wohnungstür mit drei Schlössern
Ein halb transparenter Regenmantel
Eine Frau mit weißen Söckchen an den Füßen

Ein Leben zwischen den lauten Plätzen der Stadt
Und der stillen Ödnis weiter Landschaften
Flugzeuge, Züge
Endlose Fahrten im Greyhound

Selten genug Geld
Ein Leben unter Spannung
Die elektrischen Leitungen der Busse
Die weißen Söckchen der Frau

In einer teuren Wohnung
Die nicht meine war
Und deren Miete
Uns gemeinsam in Bedrängnis brachte

Mein blauäugiger Sohn

Wo bist Du gewesen
Mein blauäugiger Sohn
Als das Unheil
Über uns hereinbrach
Als Job und Auto
Mit einem Mal weg waren
Als Deine Mutter
Krank wurde
Sterbenskrank

Wo bist Du gewesen
Mein blauäugiger Sohn
Als Deine Alten
Dich gebraucht hätten
Als die Rechnungen sich häuften
Und der Arzt
Den Blick senkte
Wo bist Du gewesen
Wo bist Du gewesen

Mein blauäugiger Sohn

Minnesota

Ich war in Minnesota
Einen kalten Winter lang
Ich habe am Tag hart gearbeitet
Und am Abend
Am Esszimmertisch meiner Gastfamilie
Briefe geschrieben
An die Familie, Freunde
Eine ferne Geliebte
Ich habe geschwärmt
Und ein wenig gelogen
Hab Heimweh geheuchelt
Und die Geilheit geleugnet
Ich habe dem lauten Fernseher
Meiner Gastfamilie gelauscht
Dabei Winstons geraucht
Und Millers Dosenbier getrunken
Ich habe die Hunde
Unter dem Tisch gestreichelt
Ich habe aus dem Fenster
Auf den endlosen Schnee gestarrt
Ich habe jeden
Verdammten Augenblick
In diesem Land
Geliebt

Mutter

Was passiert
Wenn die anderen aufwachen
Wie viele Stunden
Habe ich noch Zeit

Wie komme ich
Von hier weg
Habe ich
Genug Geld

Wo soll ich mich
Verstecken
Was ist
Wenn sie mich kriegen

Was passiert
Wenn die anderen aufwachen
Wie sag ich es
Meiner Mutter

Nach dem Goldrausch

Als es vorbei war
Verteilten wir uns
In alle
Winde

Hinterließen
Keine Nachricht
Waren einfach
Weg

Point Pleasant

Ein Ort
Zum Anhalten
Pinkeln
Kaffee kaufen
Nach dem Weg fragen

Nach dem schnellsten Weg
Hinaus

Prenzlauer Pech

Wenn Patti Smith
In der Stadt ist
Geht sie immer
In das Restaurant
Pasternak
Am Kollwitzplatz

Wenn ich
In der Stadt bin
Gehe ich zum
Spanier
Gleich um die
Ecke

Doch der Spanier
Hat zu
Ein Schild
Über der Tür sagt
„Vietnamese Food
Coming Soon!“

Das ist
Prenzlauer Pech
Es zwingt mich glatt
Meine geliebten
Gewohnheiten
Zu überdenken

Statt dessen
Ochsenbäckchen mit Kraut
In der riesigen
Volksküche
Des Prater
Auch lecker…

Was hätte
Patti Smith getan
Wenn man ihr
Das Pasternak
Vor der Nase
Geschlossen hätte

Berlin, 28. März 2016

Prophezeiung

Du wirst gar nicht merken
Dass Du alt wirst
Solange Du
Immer noch
Durch dieses schöne Zimmer
Humpelst

Mit Deinem vollen Haar
Deinen kranken Zähnen
Deinen ewig
Unbenannten Schmerzen
Und wenn es zu Ende geht
Wirst Du es auch nicht merken

Reisende

Diese Stunden
In den einsamen
Männerhotels

Gewerbegebiete
Vor den Großstädten
Best Western, Radisson, Holiday Inn

Geschäftsleute
Dienstreisende
Außendienstler und Monteure

Alles Männer
Einzelzimmer
Kleine Tische beim Frühstück

Eng gebundene Krawatten
Schlecht sitzende Anzüge
Abgestoßene schwarze Schuhe

Kaffee und Orangensaft
Eier und Speck
Toast und Marmelade

Eine schnelle Zigarette
Vor dem Einsteigen
In den schwarzen Dienstwagen

Unterwegs zu Terminen
In Stahl- und Glaspalästen
Im kalten Herzen der Städte

Wieder Kaffee
Gerede
Und schales Mineralwasser

Es gibt Millionen von uns
Auf den Straßen
In den Foyers

Stundenlang eingepfercht
In engen
Fensterlosen Meetingräumen

Fern von allem Lieben
Fern vom eigenen
Leben

Rock 'n' Roll

Ich wollte
Dass es wie Rock‘n’Roll war
So wie früher
Also zündete ich mir
Eine Zigarette an

Aber sie sagte:
„Das ist ein Nichtraucherzimmer!
Wenn sie was riechen
Kostet mich das
150 Euro!“

Also rannte ich ins Badezimmer
Löschte die Kippe
Unter dem Wasserhahn
Wickelte sie in Klopapier
Und spülte sie in den Abfluss

Anschließend lüfteten wir
Anstatt zu ficken
Nichts war mehr
Wie Rock‘n‘Roll
Nichts war mehr

Wie früher!

Samurai

Die Luft ist klar und kühl
Die Sonne erhebt sich
In orangefarbenen Kaskaden
Aus den blauen Firnissen der Nacht
Am Horizont sehe ich Samurai
Herrenlose Desperados
Sie ziehen in wahnwitzigem Tempo
Ihre Bahnen
Niemals vertrauend auf die Kraft
Eines einzelnen Pferdes
Nein, mehr als die Kraft von 200 Pferden
Verleihen ihnen ihre Macht

Mehr als 200 Pferde
Für einen einzigen herrenlosen Krieger
Die Fäuste gekrampft
Um die Lenkräder schwarzer Dienstwagen
BMW, Audi und Mercedes
Ich dachte, sie alle seien dem Tode geweiht
In modernen Gesellschaften
Sie scheinen es zu wissen
Samurai
Sie sind fest entschlossen
Sie schmieden
Einen dunklen Plan

Schimanski

In memoriam Götz George, 23.07.1938 – 19.06.2016

Jetzt
Also auch noch
Schimmi
Damit ist der LETZTE
Held meiner Jugend
Dahin

Es fällt
Immer schwerer
Die Last
Der eigenen Jahre
Zu verleugnen
Irgendwann…

Werde ich wohl
Selbst
An der Reihe sein
Der wirklich
ALLERLETZTE Held
Meiner Jugend

Schlicht

Der Dichter
Mag es
Schlichter
Er sägt an
Zeilen
Feilt an
Worten
Kürzt und
Würzt
Den Sprachenfluss

Der Dichter
Mag es
Schlichter
Dreht akkurat
Am Apparat
Und zählt
Die Zeilen
Bis
Zum
Schluss

Schöner Klang

Ich mag den Klang
Meines Trittes
In dem hohen
Treppenhaus

Tapp tapp tapp
Machen die Sohlen
Klock klock
Klingen die Absätze

Schöne und halb teure
Italienische Schuhe
An einem schweren
Und müden Mann

Tapp tapp tapp
Es geht voran
Klock klock
Und alles wird gut

Schützenfest

Im Dorf
Ist Schützenfest
Und er hasst es
Hier zu leben

Sie ziehen
Mit Pauken
Und Posaunen
Von Tür zu Tür

Danach
Wird gesoffen
Zwischendurch
Geballert

Im Dorf
Ist Schützenfest
Und er hasst es
Noch immer hier zu sein

Ein Mann
Der Worte
Kein Mann
Des Tschingderassabum!

Susan & Jesus

Susan & Jesus
Tänzer und Glänzer
Der Penthäuser
In Central Park West

Dezente Partys, perlende Drinks
Doch von da an bergab
In die östlichen Straßen
Von Midtown

Und weiter hinunter
Mit Crack und Gepäck
Voller Trug und Illusion
Ins Village

Von da an
Ohne Strumpf und Schuh
Über die Brücken
Nach Brooklyn

Susan & Jesus
Noch immer ein Paar
Torkelnd auf den Straßen
Der Bronx

Ohne Dach und Verließ
Die wenigen Sachen am Leib
Kurz vor der letzten
Ausfahrt

New York

Tuna Kelim

Wenn Du nach Istanbul
kommst,
suche nach einem Laden
namens Tuna Kelim.

Was ist das für ein Laden?

Weiß nicht. Irgendein Laden.
Lebensmittel, Souvenirs,
Tabak, Klamotten.
Keine Ahnung.

Ich kam nach Istanbul.
In einem Internet-Café ver-googelte ich
mein letztes Kleingeld.
Ich fand einen Laden namens
Tuna Kelim in Köln, in Brüssel
und in Dublin. Doch keinen hier
vor Ort.

Istanbul war eisig. Es war früh
im Jahr. Die dicke Jacke war
auf der Strecke geblieben. Die Zeit drängte.
Das Geld ging zur Neige.
Die Prepaid Karte war
beinahe leer.

In einem Park in der Altstadt
ließ ein Backpacker mich
an seinem Joint ziehen
und ich verlor das Bewusstsein.
Als ich wieder zu mir kam
saß ein alter Mann neben mir
und ich schilderte ihm
mein Problem.

Tuna Kelim is not a shop. Stupid.
It's a carpet. A carpet of fish.
Big fish.
Go to the harbor and find
the fish-market.

Ich fand die Halle im Hafen.
Silberne Thunfische mit
weit aufgeschnittenen Bäuchen lagen
über den nassen Zementboden verteilt.
Hier war mein Tuna Kelim.
Ich war am Ziel.

Ein Stapler bremste neben mir.
Der Fahrer fragte: „Where you from?"
„Belgium!", log ich, wie immer.
„Come with me. We're already waiting
for you."

In einem überhitzten Büro
saß eine Frau. Nach all den
Strapazen
sah sie schön aus.
Ich wollte bleiben. Bei ihr.
Ich hatte meinen Hafen gefunden.

Ullapool

Der schönste Ort der Welt –
Ein Sehnsuchtsort
Schwer zu sagen
Es ist sicher sehr kalt dort
Mein Herz würde jubilieren
Und gleichsam frieren

Felsen
So alt wie die Welt
Eine schmale Passage
Zum großen Meer
Für das treue alte Fährschiff
Das zu den Inseln fährt

Ich schlief ein paar Mal dort
Auch am Tage
Und einmal
Nach dem Aufwachen
Sah ich durch das Fenster
Vor meinen Knien

Im schwarzen Wasser eine Robbe
Die mich begrüßte
Hallo –
Willkommen
Am vielleicht schönsten Ort
Der Welt

Unsterblich

Erst ist es Applaus
Dann klingt es
Wie ein Marschrhythmus
Es soll immer
Weiter gehen

Die Stars
Sind heute Nacht draußen
Hier vor uns
Auf der Bühne
Wir gönnen ihnen

Keine Pause
Kein Finale
Keinen Vorhang
Es soll immer
Weiter gehen

Sie dürfen
Niemals sterben
Es sei denn
Sie sind jung
Wie schönes Blut

Unter dem Vulkan

Wir fuhren mit dem Bus
Zum Stierkampf
Den Wagen hatten wir
Schon vor Wochen versetzt

Für das Geld
Kauften wir einen Kühlschrank
Irgendjemand
Hatte die Idee von kaltem Bier

Doch dann
Gab es kein Bier
Wir tranken weiterhin Mezcal
Und der Kühlschrank kam in den Schuppen

Und nun hockten wir
In der hitzeflimmernden Arena
Eines müden Kaffs
Und warteten auf die Stiere

Warteten darauf
Dass etwas passierte
Mit uns war nichts mehr los
Aber hier waren wir

Urlaub

Sie macht einen
Spaziergang
Zwischen den Felsen am Meer

Er hockt in der Kneipe
Im Hafen
Bei Zigaretten und Bier

Urlaub –
Nach langen Monaten
Gemeinsam unterwegs

Sie in den Felsen
Er in den Kneipen
Die schönste Zeit

Des Jahres
Gemeinsam
Vor die Wand gefahren

Wie Honig

Wir sind früh am Morgen
Losgefahren, Richtung Airport
Die Sonne kam gerade hervor
Und die Straßen waren leer

So wie Honig
So wie Honig

In dem dünnen Licht
Erschienen die Silhouetten
Der Hochhäuser
Wie die Kulissen eines Computerspiels

So wie Honig
So wie Honig

Wir sind früh am Morgen
Losgefahren, Richtung Airport
Aber du
Warst nur in meinem Kopf

So wie Honig
So wie Honig

Ich flog zurück
In mein angestammtes Leben
Du bliebst für immer
In diesem dünnen Licht zurück

So wie Honig
So wie Honig

Willkommen in Los Angeles

Ich nahm
Die Geliebte
Meines Vaters

Um den Sturm
Der Gezeiten
Zu entfachen

Wunsch

Ich möchte Dich in meinen
Händen halten
wie einen kleinen
frisch geschlüpften
Vogel

Zu kalt, um ein Feuer anzuzünden

Zu kalt, um ein Feuer anzuzünden
Ich verbrannte Diesel, verbrannte Dinosaurierknochen
Während der Truck neben mir langsam starb
Und lautes Knacken aus dem abkühlenden Motorblock drang

Ich muss am Steuer eingeschlafen sein
Auf der Rückfahrt von Stillwater
Am Ende eines langen Tages
Und jetzt hockte ich hier im Schnee

Bei dem mickrigen Feuer
Das bald erlosch
Und spürte, wie mir die Kälte in den Körper fuhr
Spürte, wie sie heimisch wurde

Wie bist du bloß an diesen Punkt gelangt
Dachte ich
Kurz bevor der Frost
Alles in ein endgültiges weißes Licht eintauchte

Aus der Reihe Songdog Poetry

Gansner h.p., herz, sfr. 25.– / € 14.–
Gansner h.p., **super**herz, sfr. 20.– / € 14.–
Gansner h.p., **mega**herz, sfr. 25.– / € 20.–
Dobler, Franz, Ich fühlte mich stark wie die Braut… sfr. 20.– / € 12.–
Vetsch, Florian, 43 neue Gedichte, sfr. 25.– / € 14.–
F. Vetsch / H. Hübsch, Round & Round & Round, sfr. 20.– / € 14.–
Böke, Herbig, Hintzen, Götterwind, Wir kamen in Frieden, € 12.–
Günther, Florian, Taschenbillard, sfr. 20.– / € 12.–
Götterwind, Jerk , Am Ende des Tages sfr. 20.– / € 14.–

Romane, Stories, Satiren

Rabl, Günther, Mail für Hiob, € 14.–
Fitzgerald, Mick, Session / *Irische Stories* sfr. 20.– / € 12.–
Niedermann, Andreas, Verflucht schön / *Roman,* sfr. 26.– / € 16.–
Niedermann, Andreas, Sauser / *Roman,* sfr. 29.80 / € 16.90
Niedermann, Andreas, Love is Hell / *Roman,* sfr. 28.– / € 15.–
Niedermann, Andreas, LOG / *Aufzeichnungen,* sfr. 30.– / € 18.–
Niedermann, Andreas, Das Flackern der Flamme bei auffrischendem Westwind / *Stories, Berichte, Skizzen* sfr. 20.– / € 15.–
Niedermann, Andreas, Die Katzen von Kapsali / *Roman,* sfr. 25.– / € 14.–
Niedermann, Andreas, Goldene Tage / *Roman,* sfr. 25.– / € 18.–
Niedermann, Andreas, Von Viktor zu Hartmann sfr. 18.- / € 14.-
Niedermann, Andreas, Blumberg / *Roman,* sfr. 25.– / € 20.–
Völk, Gudrun Miststücke / Stories sfr. 20.– / € 15.–
Bauer, Christoph, Der Bericht, sfr. 25.– / € 16.–
McDonald, Gregory, The Brave, sfr. 25.– / € 18.–
Haefs, Gabriele, Hrsg., Chinesische Transvestiten, sfr. 20.- / € 14,80
Salina, Tuya, Spiel und stirb, Sci-Fi-Thriller, sfr. 25.– / € 18.–